合唱ピース031

混声4部合唱

あすという日が

山本 瓔子 作詞／八木澤 教司(やぎさわ さとし) 作曲／遠藤 謙二郎 編曲

Words by Yoko Yamamoto / Music by Satoshi Yagisawa
Arranged by Kenjiro Endoh

オンキョウ

混声4部合唱

あすという日が

山本 瓔子 作詞／八木澤 教司 作曲／遠藤謙二郎 編曲

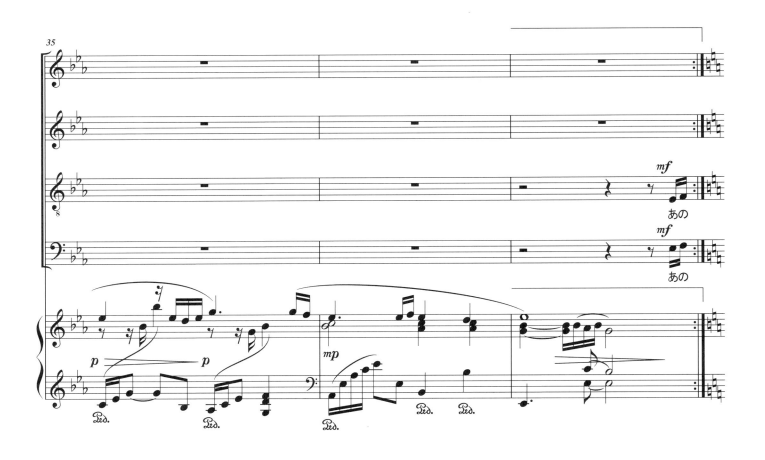

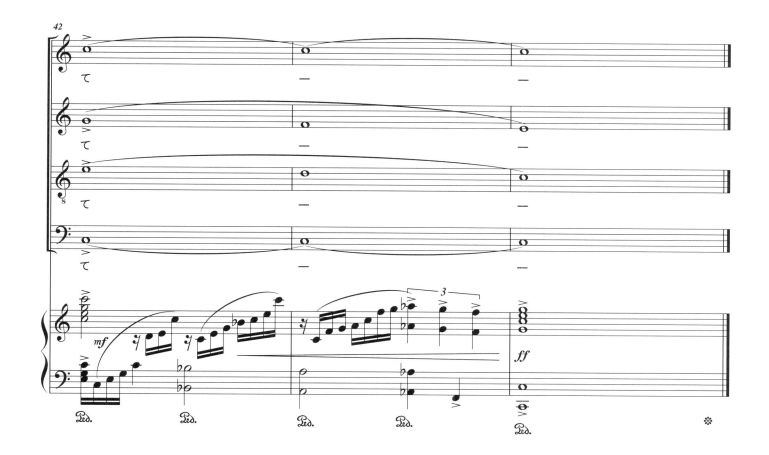

＝あすという日が　演奏ノート＝

遠藤謙二郎

　2006年の「第30回 全日本合唱教育研究会全国大会」のために作曲された。コンセプトは「爽やかなクラス合唱曲」で、混声3部合唱で作られている。

　2011年3月11日の東日本大震災のとき、仙台市若林区の八軒中学校の合唱部が同校に避難している方々を招いて歌われた。「あすという日があるかぎり しあわせを信じて」と歌うと、被災者の方々は同様に涙され、力づけられたと言う。この様子は、NHKでも報道され、その後、ベガルタ仙台の試合の前に歌ったり、あるいは、南こうせつと共に東京で歌ったり、また Youtube でネットを通じて広く流されるなど、多くの方々に感動と「日本復興」への想いを伝えている。因みに、この合唱部、合唱コンクール全国大会の常連で、全国でトップレベルの実力で知られている。

　さて、今回の編曲は混声3部合唱の原曲の持つ明るい雰囲気と前向きな力を壊さないように配慮しつつ、混声4部合唱にまとめた。

演奏ノート

【イントロ】短いが、前奏というよりピアノソロの気持ちで弾いて欲しい。ピュアな気持ちで明日を夢見る、そんなイメージか。減衰していくピアノの音量に逆らわないようにそっと柔らかな音を置いていき、低音もリズムも無くゆったりとした流れが聴く人の心にしみ渡っていくように。

【4小節～】フェルマータの後はガラッと雰囲気を変え、一定のテンポで最後まで、前へ前へと進める。男声の力強い積極的な主旋律に対して、女声は男声の視線の先にある風景を描写するように柔らかく。主旋律を活かすために、音量は小さめに、でも決して遅くなってはならない。

【15小節～】「なんて素晴らしいんだ！」という気持ちを込めて、次の「あすという日が・・」に向かってたたみ込むように盛り上げていく。

【21小節～】この曲の聴かせどころ。深いブレスで力を抜き、喉の奥を良く開け、横隔膜で支えられた響きの整った声が欲しいところ。前の小節の全音符でたっぷりとしたクレッシェンドをしてから瞬時にブレスを整えて歌って欲しいところであるが、それが難しい場合は、付点2分音符＋4分休符にしても良い。「明日と」、「言う日が」、「ある限り」と単語毎に歌わないで、「明日という日がある限り」と大きな一息の流れで歌うと訴求力が増す。この2小節ですべての息を使い切るくらい、たっぷり息を送ること。

【30小節】間奏は、その前の f で歌われる合唱を引き継いで、華やかに。そして、再びイントロの「ピュアな」イメージに戻る。ただし、ここはインテンポで。

【38小節】ピアノの三連符に付けたデクレッシェンドは、最後の盛り上げを一層効果的にするため。ただし、合唱も一緒に小さくしてしまうと勢いがそがれるのでほどほどに。

【39小節】ためてあるものを開放するようなクレッシェンド。ただし、力まないように力を抜いて。合唱は、一旦音量を下げても良いが、前項のとおり、38小節は小さくしない。そして、最後の「信じて」を力強く訴えかけるようにうたう。42小節からの12拍は弱くならないように。力まないで保つことが出来れば、ピアノと共にクレッシェンドしながら $f\!f$ まで持って行って曲を閉じれば、一層効果的。

あすという日が

山本 瓔子 作詞／八木澤 教司 作曲

大空を　見上げて　ごらん
あの　枝を　見上げて　ごらん
青空に　手をのばす　細い枝
大きな　木の実を　ささえてる
いま　生きて　いること
いっしょうけんめい　生きること
なんて　なんて　すばらしい
あすと　いう日が　あるかぎり
しあわせを　信じて
あすと　いう日が　あるかぎり
しあわせを　信じて

あの道を　見つめて　ごらん
あの草を　見つめて　ごらん
ふまれても　なおのびる　道の草
ふまれた　あとから　芽ぶいてる
いま　生きて　いること
いっしょうけんめい　生きること
なんて　なんて　すばらしい
あすと　いう日が　くるかぎり
自分を　信じて
あすと　いう日が　くるかぎり
自分を　信じて

☆☆☆ **全国書店・楽器店にて大好評発売中!!** ☆☆☆
【オンキョウ合唱ピースシリーズ】

合唱ピース001	女声3部	世田谷うたのひろば あるレクイエム	定価 (800円＋税)
合唱ピース002	女声3部	世田谷のうた お行儀のいい小鳥たち	定価 (800円＋税)
合唱ピース003	女声3部	世田谷の歌 あじさい村	定価 (600円＋税)
合唱ピース004	女声(児童)3部	千の風になって	定価 (800円＋税)
合唱ピース005	女声3部	アメージンググレイス	定価 (600円＋税)
合唱ピース006	女声(児童)3部	まあるいいのち	定価 (600円＋税)
合唱ピース007	混声4部	白百合の花が咲くころ	定価 (800円＋税)
合唱ピース008	女声(児童)3部	旅立ちの日に	定価 (600円＋税)
合唱ピース009	女声3部	まあるい地球は誰のもの・なごり雪	定価 (800円＋税)
合唱ピース010	混声4部	案山子	定価 (600円＋税)
合唱ピース011	混声4部	愛の流星群	定価 (800円＋税)
合唱ピース012	混声4部	蕾（つぼみ）	定価 (600円＋税)
合唱ピース013	混声4部	永遠にともに	定価 (600円＋税)
合唱ピース014	女声(児童)3部	手紙～拝啓十五の君へ～	定価 (600円＋税)
合唱ピース015	女声(児童)3部	母賛歌・母が教え給いし歌	定価 (900円＋税)
合唱ピース016	女声3部	愛のままで…	定価 (800円＋税)
合唱ピース017	女声(児童)3部	アイツムギ	定価 (800円＋税)
合唱ピース018	混声3部	桜の栞	定価 (500円＋税)
合唱ピース019	女声3部	ありがとう	定価 (600円＋税)
合唱ピース020	女声3部	INORI～祈り～	定価 (600円＋税)
合唱ピース021	女声3部	翼をください	定価 (600円＋税)
合唱ピース022	女声3部	ハナミズキ	定価 (600円＋税)
合唱ピース023	女声3部	三日月	定価 (600円＋税)
合唱ピース024	混声4部	1万回のありがとう	定価 (600円＋税)
合唱ピース025	女声3部	YELL	定価 (600円＋税)
合唱ピース026	混声4部	3月9日	定価 (600円＋税)
合唱ピース027	混声4部	希望の歌～交響曲第九番～	定価 (600円＋税)
合唱ピース028	混声3部	桜の木になろう	定価 (600円＋税)
合唱ピース029	混声4部	残酷な天使のテーゼ	定価 (600円＋税)
合唱ピース030	混声4部	負けないで	定価 (600円＋税)
合唱ピース031	混声4部	あすという日が	定価 (600円＋税)

女声3部・混声4部	手紙～親愛なる子供たちへ～	定価 (700円＋税)
女声3部・混声4部	一粒の種	定価 (700円＋税)
女声3部	BELIEVE	定価 (500円＋税)
女声3部	バーゲン・バーゲン／あなたが	定価 (700円＋税)

OCP.031 混声4部合唱
あすという日が

発行日：2011年5月25日 初版発行
編曲者：遠藤 謙二郎
発行者：一木 栄吉
発行所：株式会社オンキョウパブリッシュ
〒353-0003埼玉県志木市下宗岡4-29-6
TEL048-471-8551 FAX048-487-6090
URL……http://www.onkyo-pub.com/
E-mail…mail@onkyo-pub.com
郵便振替口座 00190-8-561552
印刷所：株式会社ティーケー出版印刷

社団法人日本音楽著作権協会許諾 (出)第1105312-101
ISBN 978-4-87225-303-0 C0073　JAN 4524643039044

御求めは全国書店・楽器店で御買求め下さい。品切れの際は最寄りの書店・楽器店に注文するか、直接当社宛へ現金書留、または郵便振替口座00190-8-561552で本体価格に、消費税を加えて御注文下さい。
歌集、詩集、イラスト集、その他自費で出版を御希望の方は部数に関係なく御相談下さい。 **送料無料!!**

落丁、乱丁本はお取り替え致します。
この音楽著作物の全部または一部を権利者に無断で複製（コピー）する事は
著作権の侵害にあたり、著作権法により罰せられます。

みなさまに御願い

♪この音楽著作物の全部または一部を権利者に無断で複製（コピー）する事は
著作権の侵害にあたり、著作権法により罰せられます。
（私的利用などの特別な場合を除きます。）
♪また出版物から不法なコピーが行われますと、出版社は正常な出版活動が
困難となり、ついには皆様方が必要とされる物も出版出来なくなります。
♪音楽出版社と日本音楽著作権協会(JASRAC)は著作者の権利を守り、
なおいっそう優れた作品の出版普及に全力をあげて努力してまいります。
♪どうか不法コピーの防止に皆様方の御協力を御願い致します。

株式会社オンキョウパブリッシュ　　社団法人日本音楽著作権協会